WUNDERRAUM

Leser ist ankommen.

Courtney Peppernell

Dein Herz ist mein Meer

Gedichte

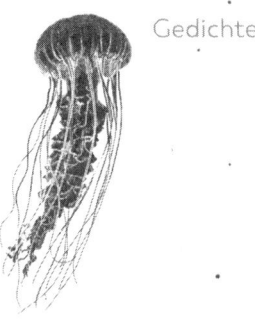

WUNDERRAUM

»Weil wir Songwriter sind, spielt Lyrik eine wichtige Rolle in unserem Leben. Wir haben *Dein Herz ist mein Meer* entdeckt, und das ist eines der schönsten Bücher, das wir seit Langem gelesen haben!«

The Chainsmokers

Für Rhian

Gedankenverzeichnis

Wenn du von jemandem träumst

Blumen vor der Tür

Du verdienst Blumen vor der Tür
und frischen Kaffee am Morgen
Liebesbriefe unterm Scheibenwischer
und Eiscreme nachts um drei.
Du verdienst Ehrlichkeit Tag für Tag
und Küsse von früh bis spät.
Du verdienst zu hören
wie schön du bist.
Und wenn du's mir erlaubst
beweis ich es dir täglich.
Versprochen.

Heute wollte ich dich küssen
genau wie gestern
und vorgestern.
Ich weiß jetzt schon dass ich dich
morgen küssen will
und übermorgen
und all die Tage danach.
Ich will dich
langsam küssen
mit den Fingerspitzen
deine Lippen berühren.
Ich will dich
im Auto küssen, im Regen, vor deiner Haustür.
Ich will deine
Grübchen küssen, deine Wangen, deinen Leberfleck.
Ich will nur dich küssen
niemanden sonst
nur dich.

Ich bin ziemlich verpeilt, seit ich dir begegnet bin. Weil ich vorher gar nicht wusste, wie es sich anfühlt, so sehr mit jemandem auf einer Linie zu liegen.

Ich glaub, wenn du mich lässt
dann mach ich dich zu meinem Himmel.
Aus deinen Selbstzweifeln
und deinen Schwächen
form ich mir ein Sternbild
und halte Ausschau danach in der Nacht.
Ich weiß, du siehst dich nicht
wie ich dich sehe
widersprichst mir noch immer
wenn ich dich schön nenne.
Aber alles, was du ablehnst
an dir
ist alles, worauf ich
keinen Tag verzichten kann.
Ich glaub, wenn du mich lässt
dann bau ich eine Sternwarte
nur um dir zu zeigen
dass kein Himmelskörper im Universum
so wundervoll strahlt
wie du.

Würd ich dich lieben, wärst du mein Luftballon. Ich würd mir deine Schnur um den Finger wickeln und dich niemals wegfliegen lassen. Bis zu dem Tag, an dem wir gemeinsam davonschweben.

Wir sollten uns küssen.
Nicht weil du gerade vorbeikamst
sondern weil du stehen bliebst
und ich seither wie ausgewechselt bin.

Ich konnte nicht ahnen, dass du mir unter die Haut gehst. Aber jetzt fließt dein Name durch meine Adern, und ich kann nicht anders, ich muss mich dir ganz und gar öffnen.

Du bist gezeichnet von den gebrochenen Versprechen
all der Menschen, die dich nie verlassen wollten.
Manchmal hast du Angst vor deiner eigenen Haut
und den tiefen Narben darunter.
Bist du bereit
Bist du bereit
für jemanden, der dich von innen nach außen kehrt?
Niemand wagt sich an die verletzten Schichten deiner Haut
So viel Schmerz,
du bist so kaputt.
Bist du bereit
Bist du bereit
Denn ich will deine vernarbte Haut.

Das bin ich.

Ich bin das Auge des Orkans, und mein Herz ist ein bisschen kaputt.

Aber wenn du mich willst, gehöre ich dir.

Ich schwärme sogar für deinen Gang, und du gehst trotzdem an mir vorbei.

Aber was soll ich denn bitte schön tun
wenn dein Haar so seidenweich ist, deine Augen so blau?
Mein Herz hüpft beim Klang deines Namens
doch du lächelst, als sei ich bloß irgendeine Frau.
Trüber als ein Regentag fühle ich mich
weil du nicht ahnst, was ich empfinde für dich.

Ich wundere mich über den Schmerz in meinen Armen, es ist doch Jahre her, dass ich dich losgelassen habe.

Du bist die Sommersprosse auf meiner Nase, und ich bin die Sommersprosse auf meinem Rücken. Wir bewohnen dieselbe Haut und werden doch nie zusammenkommen.

Als du nur noch befreundet sein wolltest, hab ich mir geschworen, nie wieder glücklich zu sein. Aber die Welt geht nicht unter, nur weil Paare sich trennen. Also mach ich einfach weiter, in der Hoffnung, dass ich irgendwann wieder lieben kann.

Dein Herz ist die Sonne und es zieht mich
Täglich näher zu dir.
Aber die Sonne zerstört alles, was sie berührt
Hab ich mir sagen lassen.

Das Leben ist zu kurz für Spielchen, nur Kartenspiele gehen klar. Am Handy nicht gleich antworten; nicht zeigen, dass man jemanden mag; und nicht als erste Ich liebe dich sagen.

Scheiß auf die ganzen Regeln.

Ich schreib dir nach drei Sekunden; ich zeig dir, dass ich dich mag; und wenn ich dich liebe, sag ich es so oft ich will.

Das Leben ist unvorhersehbar, ich spiel lieber mit offenen Karten, als nur Reue und Versäumtes auf der Hand zu haben.

Oft frag ich mich
was ein Herz erkalten lässt
und ich vermute das passiert
wenn man es im Regen stehen lässt.
Deshalb überleg ich bei Regenwetter immer
wie ich dir klarmachen soll
dass ich einen großen Schirm habe
mit dem ich bei jedem Sturm
dein Herz schützen kann.

Maulbeerbaum und Parkbank

Eine Bank am Maulbeerbaum. Ich sitze da mit einer Blume auf dem Schoß und schaue zu, wie du so tust, als sähest du mich nicht. An manchen Tagen setzt du dich zu mir, jedes Mal ein Stückchen näher, und wir werden ein bisschen rot, weil wir uns übers Wiedersehen freuen. Und hier sitzen wir auf der Bank am Maulbeerbaum, weil du mich eben doch gesehen hast.

Wörter sind nicht unsere Sprache.

Unsere Sprache ist sachtes Schulterstreifen, Blicke quer durch den Raum, das Öffnen von Türen, Lächeln im Vorübergehen und mein pochendes Herz, wenn ich dich auf der Zufahrt seh.

Im Schweigen liegt Kraft,

und ohne ein Wort zu sprechen,

wissen wir beide, dass wir nur einander wollen.

Nicht jeder Mensch ist ein Künstler
und ich gebe zu, dass ich nicht malen kann
aber hätte ich eine Palette
dann wären alle Farben du

Wenn du verliebt bist

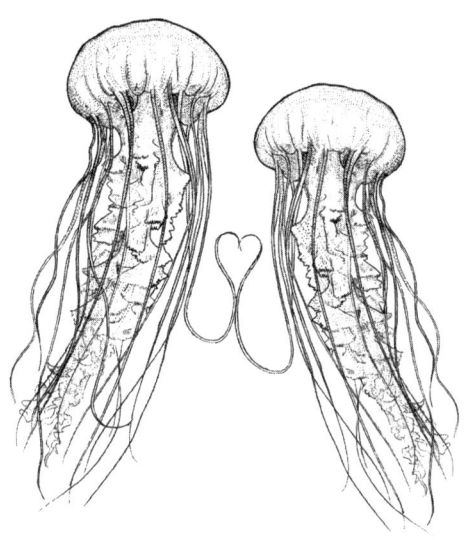

Du erinnerst mich an Zuhause
an die einfachen Dinge des Lebens
an Licht und Liebe und alles, warum ich nicht alleine bin.
Du erinnerst mich an Hoffnung
an Meer und Himmel
an Küsse und Umarmungen von deinem Mund bis zu den Schenkeln.
Um die Welt bin ich geflogen und niemandem wie dir begegnet
du bist alles, wohin ich immer zurückkommen will.

Liebe ist nicht nur eitel Sonnenschein. Manchmal ist es schwer, du zu sein, und manchmal ist es schwer, ich zu sein. Aber wenn wir nachts keine Ruhe finden, wenn unsere Liebe nach Sinn sucht, dann glaub mir, dass ich für uns kämpfe. Denn ich liebe dich, und ich weiß, dass du mich liebst.

Es heißt, man soll sich nicht verlieben
in Menschen, die Gedichte schreiben
denn ihre Texte sind Chaos
und ihre Briefe
nur aufgehübschte
leere Worte.
Aber ich sage
doch, verlieb dich in mich
denn in dem Chaos
und zwischen den Zeilen
wohnt ein Herz voller Liebe
das dir folgen will in jede Stadt der Welt.

Küss mich,
Liebling,
als bräuchtest du Schutz
Meine Lippen wollen
alle Stellen kennenlernen
an denen du verletzt wurdest
Und all deine Schmerzen
vertreiben

Würd ich mir ein Haus bauen
Dann wären deine Arme die Wände
Und deine Augen die Fenster
Dein Lächeln wäre die Tür
Dein Herz der offene Kamin
Und deine Seele wär mein Licht
In dieses Haus
Würde mein Vertrauen einziehen
Weil ich wüsste
Ich hab endlich ein Heim.

Es können die kleinsten Dinge sein,
die den größten Teil vom Herzen beanspruchen.

Wie sie nervös wird

wenn du ihr sagst, wie schön sie ist

wie sie kichert

obwohl es kein Scherz ist

wie sie nach dir sucht und dich findet im Dunkeln

sogar mit

geschlossenen Augen.

Es gibt Dinge, die ich nicht ändern kann
und Erinnerungen, die ich nicht vergessen kann
aber wenn ich mich nicht gut fühle
suche ich einfach nach deinem Gesicht.
Du bist jeder funkelnde Stern am Himmel
jedes goldgelbe Blatt am höchsten Baum
du bist buntes Muster, Schneeflocke und Glühwürmchen,
und ich werde dich bis ins Alter lieben.
Ich bleibe an deiner Seite, Tag für Tag,
auch wenn die Leute unfreundlich sind
denn du bist wunderschön, egal, was die sagen,
und alles, was ich jemals finden wollte.
Eines Tages wirst du vielleicht meine Frau,
und wo unser Weg auch hinführt
ich glaube, wir wissen jetzt schon beide
dass ich in jedem Leben dir gehöre.

Liebling,

im Herzen weiß ich es zweifellos
auch wenn mir die Worte fehlen.
Meine Liebe für dich ist riesengroß
ich will's keinen Tag verhehlen.
Wenn alles furchtbar daneben ist,
reicht ein einziger Blick auf dich
du bist Sonne, Mond und Morgenlicht
und selbst in Trauer mein Glück.
Geborgen bei dir bin ich immer
und seh ich dich, dann rast mein Herz.
Du bist Freundin und Zuhause
und stets mein Hoffnungsschimmer.

Dich zu küssen, ist wie der Anfang einer neuen Jahreszeit, wie die Sonne am frühen Morgen, wie schimmerndes Mondlicht auf dem Ozean. Ich kann nur noch daran denken, wie sich deine Lippen anfühlen, wenn sie meine berühren.

Wenn du liebst und Liebe bekommst, sei dankbar dafür. Denn wenn man für Liebe nicht dankt, dann kommt sie nicht wieder.

Ich lag neben dir
auf deinen Lippen ein Lächeln
weil meine Hände
über deinen Rücken glitten.
Du sahst mich an
und ich war ganz außer mir.
Denn ich merkte
wie sehr ich
unter deine Haut will.

Als ich dies hier schrieb, dachte ich an dich
und stellte mir vor, du seist ein Abenteuerroman
ein Buch über Kummer und Glück
und dramatische Liebe.
Himmel und Gebirge kämen darin vor
Sternbilder und viel Koffein.
Ein dicker Schmöker wärst du
der mich zum Lachen und zum Weinen bringt.
Zerlesen und betagt wärst du
geschrieben mit Tinte, die noch ausbluten kann.
Du wärst immer der Roman
den ich verschlingen würde.

Ich träume gern von Spiegeln
Von einer Welt aus Spiegeln irgendwo
Die unserer ähnelt und doch anders ist
Und du und ich sind auch anders
Aber doch zusammen.
Ich glaube, in welcher Welt auch immer
Wir sind verliebt
Und zusammen.

Von allen Wegweisern der Welt will ich nur einem folgen: dem, der zu deinem Herzen führt.

Ich hab geträumt, ich sei unter meiner Haut,

wanderte verirrt durch meinen Körper.

Und die Wände in meinem Kopf waren voller Bilder

von all den Menschen, die ich je geliebt habe.

Aber in meinem Herzen war nur ein einziges Bild,

und das nahm den gesamten Raum ein.

Ein einziges Bild,

von dir.

Man sollte sich viel öfter verlieben. Verlieb dich in die Wirbel in deinem Kaffee, wenn du Milch reingießt. Verlieb dich in den Blick von deinem Hund, wenn du aufwachst. Verlieb dich in den seltenen Moment, wenn deine Katze dich eines Blickes würdigt. Verlieb dich in die Person, die dir einen schönen Tag wünscht. Verlieb dich in die Bedienung, die dir besonders viele Chili-Pommes gibt. Verlieb dich in warme Pullis im Winter und kühle Limonade im Sommer. Verlieb dich in den Moment, wenn dein Kopf aufs Kissen sinkt. Verlieb dich in ein Gespräch bis vier Uhr morgens. Verlieb dich in Tage, an denen du endlos auf die Schlummertaste hauen kannst. Verlieb dich in die Liebe, wenn dich jemand liebt und fünf Stunden lang liebevoll anstarrt. Verlieb dich in die Sterne, wenn sie für dich leuchten. Verlieb dich in das Atmen von jemandem. Verlieb dich in den Bus, der superpünktlich ist, oder den Zug, der dich schon am Gleis erwartet. Verlieb dich, so oft du kannst.

Und ob der Mond, wenn er sprechen könnte
Der Nacht wohl sagen würde
Wie bezaubernd sie ist
Mit all ihren funkelnden Sternen?

Die Welt hat noch viel Liebe zu geben, das sehe ich; und ich hoffe, dass jene, die von Hass und Zorn verblendet sind, es spüren. Eine lodernde Liebe, so feurig rot wie Kirschen, Flammen und Lippenstift, und die Verblendeten werden endlich erkennen, wie viel Liebe die Welt zu geben hat. .

Ich werd dich lieben, auch wenn wir kein Paar werden. Ich werd dich lieben, auch wenn du weggehst. Ich werd dich sogar lieben, wenn du jemand anderen heiratest und dir in den Nächten der kältesten Tage wünschst, du hättest mich geheiratet, weil nämlich niemand das Feuer in deiner Seele so zum Lodern bringen kann wie ich.

Die Liebe macht uns glücklich und traurig zugleich
und kein Mensch auf Erden weiß, warum.

Liebt dich jemand, der all deine Schwächen enthüllt, der deinem wahren Wesen lauscht und dich einfach annimmt, statt dich zu bewerten, dann lass diese Liebe nie mehr los, denn sie ist die stärkste, die du im Leben finden wirst.

Aber die Welt ist erschöpft, und der einzige Reichtum, den wir noch haben, ist die Liebe.

Eines Tages wird es einfach passieren. Du wirst überrascht sein, vielleicht völlig durch den Wind. Eben noch hast du in deinem Trott vor dich hin gelebt, und jetzt musst du ständig an sie denken. Du findest nachts keine Ruhe, weil du ihre Stimme hören willst. Du fängst sogar an, von einer gemeinsamen Zukunft zu träumen. Und wenn du Kaffee bestellst, denkst du daran, es für zwei zu tun.

Du erinnerst mich daran, dass mein Herz noch lebt
Denn immer wenn du nach Hause kommst
schlägt es so wild
dass ich plötzlich quicklebendig bin

Es ist der letzte Tag des Jahres
und ich versinke immer noch
in guten Büchern
heißem Tee
und den stillen Nächten
und schreibe deinen Namen
auf meine Windschutzscheibe.

Was mich zum Lächeln bringt

Du
im Morgenlicht
nach einer Nacht
voller Liebe.

Ich hoffe, du findest jemanden, der dein Selbstwertgefühl niemals erschüttert. Ich hoffe, du findest jemanden, dem dein Glück so am Herzen liegt wie das eigene. Ich hoffe, du findest jemanden, der dich bei allem unterstützt, was dir wichtig ist. Ich hoffe, du findest jemanden, mit dem du lachen, schweigen und deine geheimsten Geheimnisse teilen kannst. Ich hoffe, du findest jemanden für Liebe, Partnerschaft und Freundschaft zugleich. Ich hoffe, du findest jemanden, der dir ebenbürtig ist, und sich mit dir zusammen, aber auch eigenständig weiterentwickelt. Ich hoffe, du findest jemanden, der noch das kleinste Detail zu schätzen weiß, das dich ausmacht. Ich hoffe, du findest jemanden, der deine Gefühle, deine Familie und deine Werte achtet. Ich hoffe, du findest jemanden, der dich daran erinnert, dass du so viel Liebe verdient hast, wie du gibst.

Wenn du Liebeskummer hast

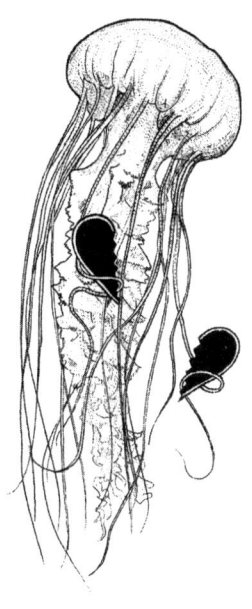

Ich hab versucht dich nicht mehr zu lieben
hab Mauern um mein Herz gebaut
und in den Nächten
andere Namen geraunt.
Doch du hast dich in meine Haut geritzt
ob du wolltest oder nicht.
Und manchmal frag ich mich
ob du noch an unsere Blicke denkst
oder ob du sie einfach vergessen hast.

Vielleicht lieber lächeln und so tun, als sei alles okay, anstatt zuzugeben, dass mein Herz verwundet ist, weil ich etwas verloren habe, das mir nicht mal gehört hat.

Du hast gesagt, ich sei deine Rose, aber im Winter hattest du nur Augen für die anderen Blumen im Garten, anstatt dich um meine welken Blätter zu kümmern.

Mein Herz ist nicht mehr in meinem Körper
es liegt unter den Trümmern des Palastes
den du niedergebrannt hast.
Aber ich bin noch da
eine leere Hülle mit verheulten Augen
und künstlichem Lächeln.

Ob wohl von all deinen Abschieden, frag ich mich, der von mir der einzige ist, der dich noch heimsucht.

am Ende
sollten wir
wie in du und ich
eben nicht
sein

Du musstest nichts sagen an diesem Abend; dein Körper und deine Augen sprachen für dich. Du warst dicht bei mir, aber so weit weg, dass ich dich nicht berühren konnte. Und deine Augen, die mir einmal gesagt hatten, sie würden mich immer lieben, weinten Tränen, die den Kampf nicht mehr lohnten.

Wann hast du uns aufgegeben?

Lass dich nicht mit verletzten Mädchen ein,
hat meine Mutter gesagt.
»Aber die brauchen doch auch Liebe.«
Also liebte ich ein verletztes Mädchen mit Leib und Seele
ohne zu ahnen, dass es mich auch verletzen würde.

Ich zähle jedes
Ich liebe dich von dir
und sterbe an Tagen
an denen du schweigst.
Dann denke ich, du verlässt mich
und flehe stumm, dass du bleibst.

Ich wusste nicht wie schlimm ein Herz brechen kann
bis ich neben dir lag
und du an jemand anderen dachtest

Ich spüre die Wunden immer noch, die du mir zugefügt hast, obwohl du so lange fort bist. Mir wurde schon oft das Herz gebrochen, aber nie war die Leere so schlimm.

Du hast mich betrogen
und dann gefragt
»Wo bist du jetzt?«
Aber wie sollte ich bleiben
wenn du mich betrogen hast?

Es schmerzt ein wenig und manchmal auch sehr
wenn man jemanden mag
aber beide kompliziert sind
und das Timing nicht passt
du hast gar keine Lust
jemand anderen zu küssen
kannst auch nichts erzwingen
sich überhaupt zu öffnen
ist schon bedrohlich genug
aber noch bedrohlicher wird's
wenn dein Herz
nicht so stark ist.

Ich hab all deine Sachen
in einen Karton gestopft.
Wollte dir alles zurückschicken
was du mir geschenkt hast
als du noch fandst, ich sei alles, was du brauchst.
Aber dann hab ich gemerkt
ich kann nicht jeden Kuss einpacken
nicht jedes »Ich liebe dich« zurückgeben.
Ich kann nicht jede Umarmung zurücknehmen
kann meine Liebesbriefe nicht ungeschrieben machen.
Ich kann meine Berührungen nicht ungeschehen machen
und dein Flüstern nicht ungehört.
Ich kann nicht jedes »Du bist so schön« zurückschicken
weil nichts mehr sein wird wie zuvor.
Was soll ich dann tun mit all dem
was ich nie wegpacken kann?

Ich habe auch geliebt, was wir zusammen hatten.
Aber ich dachte
für immer
und du dachtest
nur für jetzt.

Ich wollte mit dir zur Paintball-Party.
Aber ich hab doch nicht gesagt, ziel auf mein Herz
und schieß.

Wenn du Liebeskummer hast, sind deine Sinne geschärft.
Du hörst besser, weil du dein wummerndes Herz
nicht ertragen kannst.
Du spürst Sonne und Wind stärker auf der Haut,
weil du etwas empfinden willst, statt dich zu verschließen.
Du riechst den Duft des verlorenen Menschen überall.
Du fühlst seine Finger noch immer zwischen deinen eigenen und
das macht dich so traurig.

Es ist schon eine Weile her, aber ich vermisse immer noch die Art, wie sie meinen Namen aussprach.

Ich wusste nicht, dass Knochen so lange schmerzen können.

Es heißt, Traurigkeit soll auch schön sein, aber das finde ich nicht (zumindest nicht so).

Wenn ich um drei Uhr morgens Alkohol brauche, um einzuschlafen.

Niemand hat mich davor gewarnt, dass man nicht immer jemandem die Schuld geben kann, wenn man Liebeskummer hat. Manchmal hat niemand Schuld (außer wahrscheinlich ich selbst).

Vor ein paar Tagen hab ich ihren Pulli gefunden, er riecht immer noch nach ihr und dem Frühling, in dem wir für immer zusammenbleiben wollten.

Ich hatte keinen Schimmer, wie für immer enden kann.

Sie sagte, ich sei schön, und ihre Augen sagten das auch. Aber jetzt weiß ich nicht, ob ich dieses Wort jemals wieder von jemand anderem hören will.

Ich stecke fest zwischen Weitermachen und Festhalten und weiß nicht, was davon schwerer ist.

Ich fühl mich fertig und unwohl und versteh überhaupt nicht, wie eine einzige Person mit schönen Augen ein ganzes Reich in mir zerstören kann, indem sie aus meinem Leben verschwindet.

Ihre Lippen schmeckten wie die Luft nach einem Regenschauer, und ich kann nur noch daran denken, wie sie sich zwischen meinen Beinen anfühlten.

Mein Kopfkissen ist nicht sie, und der Song im Radio ist nicht unserer. Im Seminar sitzt eine nette Frau neben mir, aber mit ihr kann ich nicht stundenlang reden.

Was soll ich mit mir anfangen, wenn eine Geliebte und Freundin Sackgasse und Vergangenheit wird?

Letzte Woche hab ich sie am Fahrstuhl gesehen. Ich habe sie angelächelt, und sie hat weggeschaut. Da ist mein Herz noch mal zerbrochen.

Manchmal schreib ich ihr Briefe und hoffe, sie antwortet. Macht sie aber nie.

Geist

Es passiert wirklich. Der Klang deiner Stimme wird vergessen, die Form deiner Augen und das Strahlen deines Lächelns. Du hast versucht, Spuren zu hinterlassen, als du gingst. Aber dein Duft auf dem Pulli verliert sich, deine Dinge in den Schubladen werden nach hinten geschoben, und irgendwann bist du nicht mehr real. Also wirst du ersetzt durch jemanden, der es ist. Dann bist du nur noch ein Geist, ein Schatten, eine Erinnerung. Und fragst dich, ob du überhaupt jemals existiert hast in ihrem Leben.

Dein Leben lang redest du dir ein, du seist ein spannendes Kapitel, aber dann kommt jemand vorbei, den das Ende nicht interessiert, und plötzlich ergibt die ganze Erzählung keinen Sinn mehr.

So läuft das
wenn dein Herz bricht
du sagst dir
hier darf niemand mehr rein
aber dann taucht jemand auf
mit funkelnden Augen
und dein Herz fängt Krieg an
mit deinem Kopf

Wenn die Sterne dich fragen, was du dir wünschst
warum erzählst du von einer Liebe, die dich in Stücke reißt?
Warum ersehnst du eine Liebe, die dir das Herz zerfetzt?
Die Seele ist heilbar, also bleib bescheiden und gütig
dann kommt irgendwann eine Liebe
die dir klarmacht, wofür du lebst.

Für mich selbst hab ich dir verziehen.
Nicht für dich.
Du warst zu egoistisch für mich.
Also wollte ich auch egoistisch sein
Als du mir das Herz gebrochen hast.
Egoistisch, indem ich aufhöre
Ständig an dich zu denken.

Wenn man verletzt ist, muss man sich manchmal verkriechen. Aber versteck dich nicht zu lange, Wunden heilen am besten an der Luft.

Hör auf
dir Dinge
einzureden
die du besser weißt.
Dein Kopf will
schon wieder Krieg
obwohl dein Herz
jetzt loslassen muss.

Ich weiß, wie es sich anfühlt
wenn das Herz schmerzt
und die Seele weint.
Ich weiß, wie es sich anfühlt
wenn alles so mühsam ist
dass man es kaum schafft.
Ich weiß, wie es sich anfühlt
wenn alles unsicher scheint
und ständig was schiefgeht.
Ich weiß, wie es sich anfühlt
wenn das Herz immer wieder
an Menschen verzweifelt.
Aber ich hoffe, eines Tages
heilt dich die Kraft
deiner Liebe zu dir selbst.
Bis irgendwann die eine kommt
die dein Herz befreit und
dir klarmacht
warum all die anderen
nicht sollten sein.

Atme ein, atme langsam aus, zähle bis zehn. Es steht in keinem Regelbuch, was man tun kann, wenn so was endet. Vielleicht spürst du's jetzt noch nicht, aber alles vergeht, auch wenn das Leben dir nicht verrät, wann.

Darum geht's eben beim Weitermachen. Genauso eine Liebe findest du sowieso nicht mehr. Der Trick ist jetzt, nicht mehr das Gleiche zu suchen und offen zu sein für Neues.

Du musst das jetzt ruhen lassen. Ist die Glut erloschen, kann man sie nicht wieder anzünden. Du sitzt am Grabstein eines erkalteten Feuers, während in der Ferne lebhafte Flammen lodern. Bestraf dich nicht selbst; wenn du so weitermachst, verpasst du dein Leben.

Wenn du einsam bist

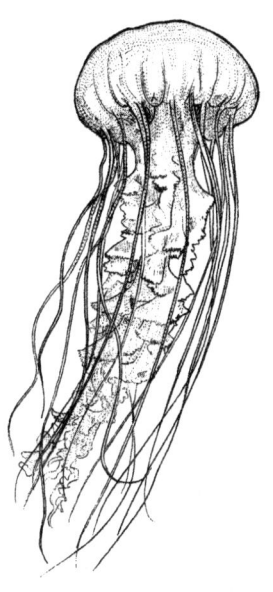

Wie kann es bei so vielen Menschen auf der Welt noch Einsamkeit geben?

Ich verlieb mich leicht
In Menschen, die sich einsam fühlen
Bis die Menge sich auflöst
Und sie mich sehen
Ich bin da
Und warte
Wie versprochen
Und dann merken sie
Sie sind es nicht

Mein Therapeut fragte: »Wie bereiten Sie sich auf diesen Tag vor?«
Und ich sagte: »Ich zähl meine Lügen, hab meine Maske
griffbereit und tu so, als würd ich nicht am liebsten wegfliegen.«

Ich bin genauso wenig die Person, die du verlassen hast, wie du die Person bist, die ich vermisse.

Anker

Ein Anker zieht mich in die Tiefe. Ich bin ein einsames Schiff, und dieses Gewicht hält mich fest. Ich will frei sein, auf dem Ozean segeln bis zum Horizont. Aber da ist dieser Anker, wegen dem ich ertrinken werde.

sie ist so eine Frau
die einen Platz im Herzen hat
für all die einsamen Menschen
deren Fußspuren im Schnee
verwehen

Du bist ein einsames Boot und hast Angst, unbemerkt zu versinken. Aber vergiss nicht, dass du nie alleine bist, solange das Meer da ist.

In letzter Zeit hatte ich zu viele Ausreden

Du warst ein Stern, den ich staunend auffing, aber du hast ein Loch in meine Hand gebrannt

Du hast mich meiner Sicherheiten beraubt und mich verletzt zurückgelassen

Du hast mir so viel gestohlen, viel mehr, als ich ahnen konnte

Aber ein neuer Tag beginnt und ich komme nach Hause

Zu den Teilen von mir, die ich vergessen hatte, auch zu dem, der nicht so

Einsam ist.

Aber Einsamkeit kann gefährlich sein. Der Trost, den man findet, wenn man sich in Gedanken verliert. Es ist leicht, dort zu verharren, aber mutiger, durch den Tunnel zu gehen und auf der anderen Seite wieder raus.

Stell dir vor, du bist ein Sonnensystem mit der Sonne im Zentrum. Du kannst sie gar nicht verlieren. Aber die Nächte gibt es auch, also tanke Kraft, und sei bereit, am nächsten Morgen wieder aufzugehen.

Ich werde eifersüchtig
selbst wenn jemand
gar nicht mir gehört
weil andere
leichtsinnig sind
mit ihrem Herz
und vergessen
nett zu sein

Bushaltestelle

An der Ecke ist eine Bushaltestelle, und jeden Morgen sitzt dort ein Mann. Er wirft den Vögeln Brotkrumen hin und pfeift ein Lied, das ich nicht kenne. Ich frage mich, ob ihm manchmal jemand Rosen aufs Fensterbrett legt, damit er merkt, dass er nicht alleine ist.

Ich weiß, es gibt nichts

was ich sagen könnte

um die Gedanken in deinem Kopf

leichter zu machen

aber ich hoffe, du weißt

bei allem

was dir durch den Kopf geht

ist manchmal wichtiger

was dir durchs Herz geht

und wenn ich eines weiß

über die Dinge

in deinem Herzen

dann, dass sie schön sind

und stark

und dass sie immer

okay sein werden

und wenn die Gedanken im Kopf

zu verworren sind

und die Gefühle im Herzen

zu schwer

solltest du wissen

dass du mit all dem

klarkommen wirst

und dass ich dich immer lieben werde

mit allem, was dir durch Kopf und Herz geht

Manchmal kommt so eine Traurigkeit

angeschlichen

und dann weißt du nicht

wohin du gehörst

aber dein Herz ist zu Hause

und du sollst wissen

dass du nie alleine bist.

Manchmal sagen andere

verletzende Sachen

die dich denken lassen

dein Gesicht sei hässlich

und die dein Herz ersticken

und an manchen Tagen glaubst du

alles geht langsam

kaputt.

Manchmal schmerzt dein Körper

und du fühlst dich bleischwer

und es ist einfacher

die Decke über den Kopf zu ziehen

und zu hoffen, dass du

nie mehr aufwachst

aber es ist sehr wichtig

dass du es tust.

Wenn du dich also nicht schön fühlst

beim Aufwachen

erinnere dich daran

dass ich dich schön finde.

Vergiss das auch nicht
in den Momenten
wenn du dich einsam fühlst
jeder Berg zu hoch ist
du auf keine Frage
Antwort findest
und es zu spät für alles scheint.
Es gibt Glück im Leben
die Düsternis wird weichen
am Horizont ist deine Kraft
so schwer dein Herz auch sein mag.
Manchmal schwankt man
zwischen Hoffen und Verzweifeln
doch trotz all unserer Traurigkeit
geht die Sonne immer wieder auf.

Hör mal

Es ist mir ganz egal

Wie weit du mich wegschiebst

Denn als ich sagte

Ich bleibe

War das keine Floskel

Du bist ein bisschen verloren

Und angeschlagen

Aber es gibt Hoffnung

Ich weiß, wer du bist

Ich liebe dich, wie du bist

Und deshalb bleibe ich

Damit auch du lernst

Dich zu lieben

Ich weiß, du hast gerade Angst

Vielleicht vermisst du

Jemanden

Oder dein Herz schmerzt ein bisschen

Oder ganz schlimm

Vielleicht weißt du gerade nicht

Wer du bist

Und was du willst

Aber dieses Gefühl

Das du zurückhaben möchtest

Dieses Gefühl, nicht

Die ganze Welt ist gegen

Dich

Das ist immer noch da

Es ist nicht weg

Und eines Tages wirst du merken

Der einzige Mensch

Der es wiederfinden kann

Bist du

Es gibt Glücksteilchen, und sie sind überall in deinem Tag verstreut. Also nimm einen Korb mit, wenn du rausgehst, sammle sie ein, und bring sie mit nach Hause. Gönn dir einen Moment nur für dich allein, hol sie alle raus und lege sie auf dein Regal.

Ich hoffe, du weißt, dass du geliebt wirst. Ich hoffe, alles wird einfacher für dich und friedlicher. Ich wünsche dir leichtes Atmen und sanfte Worte in deinen Tagen. Du verdienst Lichtstrahlen im Zimmer. Ich hoffe, sie kommen bald zu dir.

Wenn du traurig bist

Wer hat dich dazu gebracht?

Dich zu fühlen

Als sei dein Herz zu schwer

Und gar nicht mehr weich?

Wer hat dich dazu gebracht

Dich zu fühlen

Wie ein toxisches Etwas

Das keiner will

Das nirgends dazugehört?

Wer hat dich dazu gebracht

Zu glauben

Deine Narben seien

nicht schön

Und dein Päckchen eine Last?

Wer hat dich dazu gebracht

Zu glauben

Du seist nichts wert

Und niemand

Könne mit dir zusammen sein?

Erzähl mir wann

Das alles schiefging

Damit ich dir zeigen kann

Dass du dazugehörst

Du bist schön
von Natur aus
aber wann immer
ich dir Blumen schenk
dann welken sie
und meine Blicke
siehst du nicht
weil du so viel weinst
und das Allertraurigste ist
dass du so besonders bist
aber glaubst, dass ich lüge

Die Sterne sind tot
Und haben dir ihr Licht hinterlassen
Denk daran
Wenn du dich schwach
Und wertlos
Und traurig fühlst

Bisher kannte ich diese Traurigkeit nicht
wenn man Sonne und Luft nicht spüren kann
Es heißt, die Zeit wird dich heilen
aber nicht mal meine Mutter weiß Rat.
Du hast gesagt, du tust mir nicht weh
du hast versprochen, mich zu beschützen
du wusstest, was die anderen getan haben
und ich hab der Ehrlichkeit in deinem Gesicht geglaubt.
Vielleicht habe ich das verdient
weil ich jemandem vertraut habe, der so manipulativ ist.
Vielleicht habe ich das verdient
weil ich nicht auf meine Mutter gehört habe.
Aber ich wollte dir doch nur zeigen
dass auch ein Monster geliebt werden kann.

Drehst du die Musik deshalb so auf? Der krasse Beat, um nicht zu denken, der schrille Sound, um nicht zu grübeln, der Songtext so sehr du, dass du nicht mal mit der Wimper zuckst.

Mit diesen belastenden Gedanken in deinem Kopf eingesperrt zu sein, ist so anstrengend. Versuch doch mal für einen Moment, alles loszulassen, was dich daran hindert, du selbst zu sein.

Ich verstehe, wenn jemand von einer Brücke springen will,
ich verstehe, wenn Jugendliche die Klinge an die Adern halten,
ich verstehe, wenn Erwachsene weinen, weil alles zu viel ist.
Und die Welt muss verstehen
dass in solchen schweren Momenten
Geduld und Liebe das Wichtigste sind.

Meine Seele ist wie betäubt, ich muss etwas fühlen. In so quälend traurigen Zeiten ist der Morgen unverzeihlich, und Aufwachen ist die Hölle.

Ich wusste genau, was ich sagen wollte; ich hatte meine Abschieds-
worte einstudiert. Aber du bist wortlos verschwunden.

Ich frage mich immer
wie traurig ich noch werden muss
damit niemand mir mehr einreden will
alles würde gut

Du hattest versprochen, nie einen Weg einzuschlagen, auf dem ich dir nicht folgen kann, aber so sieht's aus; ich liege weinend auf dem Badezimmerboden, und du hast den Weg eingeschlagen, auf dem ich dir nicht folgen kann.

Auf einer Liste von allem, was mich noch immer zum Weinen bringt, würdest du an einigen Tagen ganz unten stehen und an anderen ganz oben.

Diese Traurigkeit, die angeblich schön ist, wie soll die bitte aussehen? Meine jedenfalls zerfetzt mich von innen, an der ist gar nichts schön.

Es gibt nichts Tragischeres auf der Welt als Menschen, die ihren eigenen Wert nicht erkennen.

Manchmal gibt es keinen Grund für Traurigkeit. Und auch keine schnelle Lösung, kein Entkommen aus ihren Klauen. Stattdessen lernst du, dich auf sie einzulassen, als sei sie eine Freundin, die einen sanften Schubs in die richtige Richtung braucht.

Was hätte sein können
ist fast so schmerzhaft wie das, was war
aber nie mehr sein wird.

Sogar die Traurigkeit braucht jemanden, der zu ihr steht.

Es heißt, man weiß später nicht mehr, wann jemand sich entfernt hat. Man erzählt einander an Montagnachmittagen die tollsten Abenteuer und hört gemeinsam Mixtapes, und plötzlich ist da nur noch Stille: eine fragile Leere, in der alles verloren ist. Aber ich weiß noch sehr genau, wann unsere Ferne anfing. Sie nahm so viel Raum ein wie ein Planet mit vielen Monden. Es war das Jahr, in dem du meinen Geburtstag vergessen hast.

Jeder Mensch hat einen Teil in sich
in dem eine Traurigkeit schmerzt
die sich nicht immer verbergen lässt.

Es fängt mit dem Großen an, wie dem Platz neben dir beim Familienessen am Sonntag und euren Namen zusammen auf Einladungen. Und dann verschwindet nach und nach auch das Kleine. Du erinnerst dich nicht mehr an den Klang ihrer Stimme am Morgen oder das Gefühl ihrer Hand in deiner. Du vergisst Details eurer Treffen und nächtlichen Gespräche. Und eines Tages fragt dich jemand nach ihrer Lieblingsfarbe, und du zögerst.

Manche Tage sind voller Trigger, sie lauern hinter jeder Ecke in düsteren Schatten, wo der Atem stockt und die Brust eng wird. Angst ist zerstörerisch. Egal, wie oft dir gesagt wird, du sollst »atmen«, die Luft kommt dir zu dünn vor, und obwohl du weißt, du musst Ruhe bewahren, fühlst du dich wie ein Schiff ohne Segel mitten in einem tosenden Sturm.

Auch wenn deine Traurigkeit
schwer auf dir lastet
ist sie doch eigentlich
leicht wie Papier
Du musst nur umblättern

Ich hab mal einen Engel gesehen
Der hatte keine Flügel mehr
Ich hab mal einen Engel gesehen
Der war am Boden zerstört
Ich hab mal einen Engel gesehen
Und ihn gefragt, warum so trist
Er sah mich an und sagte
»Weil die Welt so schrecklich ist«

Güte soll deine Waffe sein
Mitgefühl dein Schild
Die Blumen sollen wieder blühen
Und Liebe aus Traurigkeit erwachsen

Eines Tages wirst du jemanden ansehen und sagen:

»Ich hab's überlebt.«

Das ist sehr befriedigend. Umso mehr, wenn diese Person dir aus dem Spiegel entgegenschaut.

Wenn du jemanden vermisst

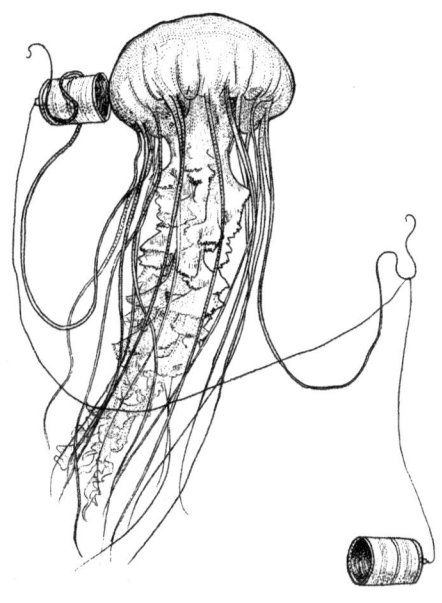

Könnte ich mein Leben noch mal leben, wäre da nicht so viel Distanz zwischen uns.

Da geht die Liebe meines Lebens

Vorbei in meinen Träumen

Hab vor so langer Zeit an ihre Tür geklopft

Weiß nicht, wie ich stark bleiben soll

Und schlafen kann ich nicht

Und denken kann ich nicht

Und ich folge der endlosen Straße

Bis zum Ende der Nacht und dem Morgengrauen

Nur noch dreißig Tage mit einsamen Nächten

Bis ich sie wiedersehe

Es war so schlimm

Manchmal werd ich nicht wach

Manchmal zerreißt es mich

Aber meine Träume verlässt sie nie

Da geht die Liebe meines Lebens

Wir stehen am Rande der Welt und treffen uns doch nicht. Du strahlst im Tageslicht, ich bin umhüllt von Nacht. Mein Herz sehnt sich nach unserer Eklipse.

Es tut mir leid, dass wir so weit entfernt leben
Es tut mir leid um den Tag, als ich nicht reagiert habe
und du stundenlang durch die Nacht fahren musstest
Wir brechen der ganzen Welt das Herz, all diese einsamen
Stunden, in denen wir einander vermissen
Oder vielleicht bricht auch die Welt uns das Herz
Es tut mir leid um all die getrennt verbrachten Tage
Es tut mir leid um all die verlorene Zeit
Es tut mir leid, dass ich mich verstrickt habe in deiner
Einsamkeit
Ich wollte doch nur eine Bleibe

Du warst immer meilenweit weg. Vielleicht sollte das so sein. Die Entfernung hat uns in einem Traum gesehen und beschlossen, wir wären besser dran ohne dieses ganze Chaos.

Es ist drei Uhr nachts und ich bin allein
Weil du gerade aufgelegt hast
Wir haben die halbe Nacht gestritten
Weil du dort bist und ich hier
Aber was sollen wir tun
So ist wohl das Erwachsenwerden
Wenn Sachen nicht laufen
Und man trotzdem weitermacht
Bis man versteht dass manchmal
Nur eins hilft
Und zwar weiterziehen

Wenn du mich berührst, sind wir im Universum geborgen. Aber der Moment ist so flüchtig, und im Nu bist du wieder weg. Dann ist das Universum zu groß für mich. Furchtbar riesig ist es, und ich bin furchtbar klein, und ich wünschte, du wärst bei mir, um diese Leere zu füllen.

So viel Lärm
In der niemals schlafenden Stadt
Ich sehne mich nach einem Tag der
Stille
An dem du und ich die Wolken hören können

Es ist Mitternacht und ich stell mir vor
In den Flieger zu steigen und dich in der Stadt zu treffen
Dich in meine Haut zu stechen
Damit du bei mir bist, wenn ich schlafe
Ich wünschte, du wärst hier
Oder ich bei dir
Denn mein Herz bebt, wenn ich dich anschau
Und deine Hände scheinen sich
Um meinen Brustkorb zu schließen
Und die Luft aus meiner Lunge zu pressen
Mein Kopf beginnt zu hämmern
Ich will dich nur noch küssen
Es ist Mitternacht
Und ich will nur dich

Ich werd dich meilenweit lieben und in Gedanken der Nacht.
Ich werd dich täglich lieben und wenn das Licht erwacht.
Vier Uhr nachmittags ist die schwerste Zeit.
Aber ich lieb dich, auch allein und nicht zu zweit.

Du erfüllst mein ganzes Herz
und wenn du nicht hier bist
beneide ich die Laken, die dich berühren,
denn die Distanz zwischen uns macht mich schlaflos.
Aber wenn ich bei dir bin
kann ich kaum sagen, wie viel du mir bedeutest.
Also lass uns heute im Bett bleiben
und ich spiele mit deinen Haaren.
Wir erzählen von harmlosen Träumen und schlimmen Ängsten
und ich streichle deine Schenkel, deine Hüften.
Ich küsse deine Stirn, deine Knöchel und Lippen.
Wispere, dass du mich liebst
denn glaub mir, als du meinen Namen sagtest
war mein Herz auf ewig verwandelt.

Warte auf mich;
ich komme nach Hause.
Warte auf mich;
du bist die Seele
die ich schon immer kannte.

Chicago

Ich bin in Chicago und du bist daheim;
wie können wir so verliebt und doch so alleine sein?
Es ist schlimm; wie viele Tage sind wir noch getrennt?
All das Zittern im Herz, ob wir uns verändert haben;
All das Bangen, ob wir noch wie früher sind.
Ich bin in Chicago und du bist daheim, das Leben zieht vorbei.
Ich vermisse dich, wenn ich alleine bin.

Bevor der Fluss unsere Liebe ins Meer schwemmt
dank ich dir, weil du mich geliebt hast, kaputt wie ich bin.
Ich weiß, es war nicht leicht;
ich weiß, es hat dich erschöpft.
Bevor die Städte niederbrennen und vom Himmel Tränen regnen
sag ich dir, die verschwendeten Jahre bedauere ich.
Bevor unsere Knochen nicht mehr unsere Knochen sind
und unsere Lippen nicht mehr unsere Lippen
wünsch ich dir eine Liebe, die besser steuern kann.
Mögen deine Nächte weniger brutal sein
und die Morgen etwas gütiger;
Möge dein Herz Wärme finden bei einem Menschen
der älter ist und ein bisschen weiser.

Ich fahr so gern raus zur Bucht und schau den Flugzeugen zu, wie sie abheben, hochsteigen und in den Wolken verschwinden. Ich stell mir dann vor, ich sei da oben, auf dem Weg zu dir.

Ein Hoch auf den Morgen, denn er bringt uns einen Tag näher zueinander, bis wir uns endlich wiedersehen. Mitternacht lastet schwer auf meiner Seele, die Erde wird still und stiller, doch am Ende der Stille stehst du.

Und letztlich gehört das alles dazu, diese Distanz, die wir sind und die so viel Sehnsucht erzeugt.

Die Schmetterlinge im Bauch, wenn ich im Radio unser Lied höre, und wie ich dich vermisse am frühen Morgen.

Wenn ich daran denke, wann ich dich endlich die ganze Nacht bei mir haben kann.

Die Worte schmelzen in meinem Mund wie Schnee, und ich fühl mich fix und fertig, aber in siebzehn Tagen kommst du wieder. Jede Nacht träum ich von dem Morgen, wenn wir wieder zusammen sind. Du wirst Kaffee trinken und ich werde über die Färbung des Herbstlaubs reden. Während du weg bist, spreche ich kaum ein Wort, aber bald bist du wieder zu Hause, und bis dahin betrachte ich die bunten Blätter.

Aber deine Liebste ist nicht bei dir, nicht morgen, nicht übermorgen und auch nicht am Tag danach. Also musst du sie im Traum treffen, und deshalb lächelst du immer im Dunkeln, bevor du einschläfst.

Zeit ist kostbar. Weil wir so viel Zeit verloren haben, als wir nicht zusammen waren, bist du für mich das Kostbarste überhaupt.

Das Leben hat seinen Plan für jeden von uns. Und manchmal trennt dieser Plan uns von geliebten Menschen. Doch wo mein Leben mich auch hinführt, wo dein Leben dich auch hinführt, ich werde dich lieben, ob uns tausend Meilen trennen oder keine.

Es wird nicht leicht mit dieser Entfernung. Wer schläft schon gern in einem leeren Bett und sehnt sich nach dem geliebten Menschen, während der in seinem eigenen leeren Bett liegt. Fernbeziehungen sind schwierig, aber sie können auch schön sein. Stell dir vor, ein Fundament aus Liebe, Vertrauen und Ehrlichkeit zu legen ohne eine einzige Berührung. Dann stell dir dieses Fundament vor, wenn die Berge endlich wieder verschneit sind.

Wenn du Ermutigung brauchst

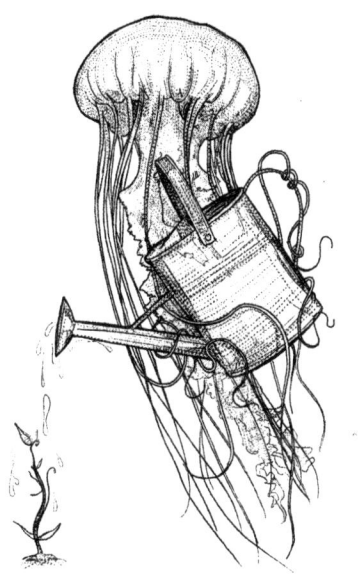

Ich werde nicht all deine Wunden
Verpflastern
Ich werde nicht all deine Blutergüsse
Küssen
Ich werde nicht all deine Narben
Bewundern
Aber ich werde zusehen
Wie du dich selbst verarztest
Wie du Salbe aufträgst
Wie du deine Narben zeigst
Denn du bist deine eigene
Heldin
Und deine Traurigkeit
Gehört zu dir
Und ich werde dich lieben
Wegen allem
Was du bist

Sie ist so eine Frau
die nicht recht
an sich selbst
glauben kann
und beim besten Willen
kapier ich nicht
warum
denn ich glaube
an sie
bis ans Ende der Welt

Manchmal denk ich über Menschen nach
Frag mich etwa, wie sie ihren Kaffee mögen
Und ob sie ihren Toast mit Butter essen
Ich frag mich, ob sie
Die gleichen Ängste haben wie ich
Und ob sie tagtäglich
Träumen nachjagen
Ich frag mich, von welchen Narben
Ihre Körper gezeichnet sind
Und was ihre Augen zum Leuchten bringt
Ich frag mich, ob sie
Im Bett Socken tragen
Oder ob sie Klamotten
Für besondere Anlässe
Im Schrank hängen haben
Und wenn du dich jemals fragst
Ob jemand von Zeit zu Zeit
An dich denkt
Dann ist dies vielleicht die Antwort
Ich denke oft an dich
Und frag mich, ob auch jemand an mich denkt

Aber was gehört zu einem Happy End? Da gibt es vielerlei Möglichkeiten. Bestellen kannst du dir keins, aber gestalten.

Ich weiß, du glaubst, dein Bestes
War nicht gut genug
Ich weiß, du glaubst, all die Stunden
Waren vergeudet
Ich weiß, du bist enttäuscht
Von dir selbst
Aber auch wenn du gerade
All diese Gefühle
Auf einmal hast
Will ich dir sagen
Dass du mehr bist als das
Was du glaubst
Ich sehe dich an
Und weiß, dass du
Klug bist
Und schön
Und begabt
Ich glaube an dich
Und werde es dir täglich sagen
Bis du es auch glaubst

emotional und chaotisch
manchmal verloren und verwirrt
aber würdest du
die Weisheit hinter diesen Augen erkennen
und dieses Herz, das niemals lügt
würdest du dann die Welt im Sturm erobern
als gäbe es nichts zu verlieren?

ich weiß du bist
ein bisschen unsicher
und du grübelst
ein bisschen zu viel
aber immer
wenn du denkst
jemanden wie dich
braucht niemand
denke ich
das Gegenteil

Du bist eine Sammlung von Wundern, umfasst von Sonnenlicht. Doch du bist noch viel mehr: eine Geschichte, ein Zuhause, ein heulender Wolf in der Nacht.

Deine Gefühle sind wertvoll und echt. Lass nicht zu, dass andere darüber urteilen, weil sie dich nicht verstehen. Deine Gefühle machen dich nicht schwach, klettig oder überemotional. Sie machen dich stark, mutig und schön. Du bestehst nicht nur aus Sternenstaub; du bist der Komet, der am Himmel strahlt auf dem Weg zu wunderbaren Taten.

Oft wäre es klug gewesen, ein »Geschlossen«-Schild an dein Herz zu hängen. Aber das hast du nicht getan. Dein Herz war immer geöffnet, lud dauernd Menschen ein. Und auch wenn die grob, rücksichtslos und egoistisch waren, hast du nie zugemacht: rund um die Uhr geöffnet, ständig helles Licht, ein Leuchtfeuer in dunkelster Nacht, eine Melodie, die nie verklingt. Ich bewundere dich: weite Prärie unter launischen Winden.

Die Tage werden nicht wegbleiben; sie werden zu dir kommen. So sicher, wie der Mond den Nachthimmel erhellt und die Sonne morgens erscheint, werden die Tage kommen. Also hab Mut, meine Liebe, Mut in deinem Herzen, und tu, was getan werden muss.

Vielleicht läufst du weg vor Angst, weil Weglaufen leichter ist als dich zu öffnen. Aber du kannst nicht dein Leben lang weglaufen. In Angst zu leben macht dich fertig. Komm runter. Mit Wagnis und Risiko ist das Leben spannender.

Du bist immer noch da, weißt du;
unter dem ganzen Chaos,
dem Stress, der Angst, der Traurigkeit
bist du immer noch du selbst.
Tauch mal auf und hol Luft;
hier oben ist der Himmel strahlend hell.
Du musst dich aufraffen;
ich weiß, du glaubst, das kannst du nicht
aber du schaffst das.
Ich glaube an dich,
mehr als du ahnst.

Ich sehe keine Schwäche, wenn du deine Gefühle zeigst; ich sehe
Mut in einer Welt, die grausam sein kann.
Ich sehe rohe Schönheit, wenn du dich so öffnest.

Du musst dich einfach nur mit Leuten umgeben, die das gleiche Herz haben wie du.

Halbe Sachen bringen nichts. Du kannst nicht halbherzig lieben oder halbherzig verzeihen oder halbherzig leben. Du musst alles geben, was du hast. Wenn du alt und erschöpft bist, willst du doch nicht feststellen, dass du auf Sparflamme gelebt hast, oder? Du bist dir mehr schuldig.

So sehr du dich auch anstrengst, irgendwer ist immer noch unzufrieden.

Aber es geht nicht um die anderen; es geht um dich.

Du selbst musst zufrieden sein mit dir.

Es ist völlig okay, ein paar Türen zu schließen; es ist sogar verdammt okay, sie zu verriegeln.

Ganz ehrlich: Manchmal hat man einfach das Gefühl, die Welt geht unter. Leid ist nicht vergleichbar, also spar dir das »Anderen geht's noch viel schlechter«.

Schmerz ist nicht messbar, er fühlt sich immer an wie der schlimmste Schmerz der Welt.

Manchmal sind Berechnungen und Vorsicht sinnlos. Manchmal geht es nur darum, darauf zu vertrauen, dass es noch Menschen auf der Welt gibt, die dir das Beste wünschen.

Du kannst nicht wachsen, wenn du bitter bist.

Zeit spielt keine Rolle. Manchmal liebt man jemanden vom ersten Moment an, manchmal erst nach Jahren. Jemand, den du eine Ewigkeit kennst, versteht dich vielleicht gar nicht, aber eine fremde Person an der Bushaltestelle weiß sofort, wer du bist. Zeit ist bedeutungslos.

Von allen wichtigen Dingen, die du heute erledigen musst, ist das wichtigste liebevoll mit dir selbst umzugehen. Denn auch die Klügsten machen Fehler, und auch den Weisen verschlägt es manchmal die Sprache. Sei milde mit dir und verzeih dir, auch an den schwärzesten Tagen.

Veränderungen fragen nicht behutsam, ob du bereit für sie bist. Veränderungen kündigen sich nicht an. Veränderungen umarmen dich nicht mitten in der Nacht und sagen, sie können warten. Veränderungen warten nicht. Veränderungen ist es ganz egal, ob du bereit bist oder nicht. Sie tauchen einfach auf. Sie sind vielleicht nicht unbedingt die Freunde, die du dir wünschst. Aber sie wissen immer, wann du sie brauchst.

So wie Batman, eigentlich.

Wenn du in deine Seele schaust

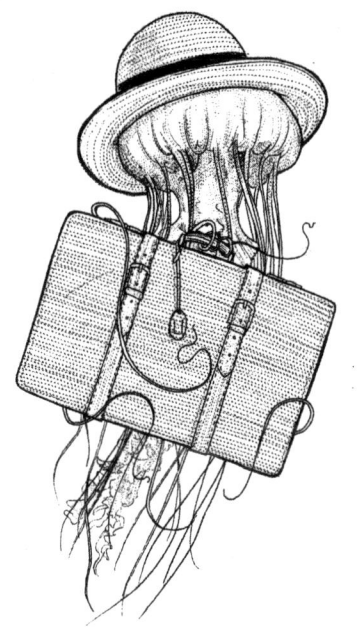

Du bist ein Schlachtfeld. Der schlimmste Krieg ist der, den du gegen dich selbst führst.

entspann dich jetzt
lass dir Zeit
den ganzen Schutt
aus deinem Kopf zu räumen
und erklär deinem Herzen
dass manches
besser ungesagt bleibt
sorge dich nicht
wenn etwas kaputtgeht
sich ändert oder verbrennt
denn daraus kannst du
lernen
und all das bleibt trotzdem
ein Teil von dir
in deine Haut gezeichnet
wie ein misslungenes Tattoo
vergiss nur nicht
dich selbst zu lieben

An diesem Himmel fliegen Vögel in verschiedene Richtungen, der Berg dort blickt zum Abgrund, das Land ist zerstückelt in Teile. Es gibt zu viele Arten von Einsamkeit und nicht genug Orte für Liebe. Verstehst du? Ich habe von der Liebe geträumt und schlaflose Nächte bekommen. Und jetzt greife ich manchmal so sehr nach den Sternen, dass ich gar nicht mehr in meinem Bett bin, wenn ich aufwache.

Dreiundzwanzig

Plötzlich wachst du auf und bist dreiundzwanzig, und du kannst dich nicht mal mehr daran erinnern, wie es sich anfühlte, siebzehn zu sein, aber nach schlechten Tagen weinst du dich immer noch bei deiner Mutter aus, und du wirkst zwar ein bisschen älter, fühlst dich aber gar nicht so. Plötzlich bist du dreiundzwanzig, und deine Großtante sagt dir, dass du gewachsen bist und viel reifer wirkst, aber du siehst dich immer noch lesend unter der alten Eiche sitzen, ohne Termine im Kalender oder Miete, die bezahlt werden muss, und du weißt noch, mit siebzehn dachtest du, mit dreiundzwanzig würdest du alles wissen, aber jetzt weißt du nicht mal, wie du überhaupt bis hierher gekommen bist. Und dein siebzehnjähriges Selbst lag falsch, denn du weißt nur ein bisschen mehr, überhaupt nicht alles.

Du weißt, dass Kaffee morgens am besten schmeckt und dass dein Zuhause nicht mehr zu Hause ist, sondern »bei meinen Eltern«. Du weißt, dass dein Auto regelmäßig in die Werkstatt muss und dass es nach einer Trennung schwer ist, einkaufen zu gehen. Sie mochte Cookie Dough und Walnüsse und Erdbeermilch, und du kannst nicht mal mehr Spaghetti kaufen, ohne daran zu denken, dass es ein Freitag war, als sie dich zum ersten Mal geküsst hat und die Hitze ihrer Haut fast deine Wohnung in Brand gesetzt hätte. Plötzlich bist du dreiundzwanzig und versuchst, einer Siebzehnjährigen all deine Fehler zu erklären, damit sie die vermeiden kann. Aber eigentlich willst du vor allem, dass jemand merkt, dass du noch immer keine Ahnung hast, wo's langgeht.

Ich fühle mich, als würde ich immer nur den ersten Entwurf schreiben. Als bestünde mein Leben aus unfertigen Szenen, die ich nie zu Ende bringe.

Wie kann ich erwarten, dass irgendwer mich versteht, wenn ich mich ständig in meiner eigenen Seele verlaufe?

Warum sind die Blumen weg?
Ich hab sie überall gesucht
Im Garten und am Straßenrand
In meinem Zimmer und hinter Omas Sessel
Aber die Blumen sind verschwunden
Warum sind die Blumen weg?
Haben wir etwas falsch gemacht?
Leben wir unsere Gefühle nicht mehr?
Sind wir zu abgestumpft
Um Lieder über Blumen zu schreiben?
Warum sind die Blumen weg?

Findest du Zugang zu Kunst? Du bist so mutig und ruhig; ich glaube, du könntest sie verstehen.

Hör auf, dir einzureden, du seist nichts wert. Du bist stark und schön und hast ein großes Herz, und wie du dich kleidest oder auf wen du stehst, ändert nichts daran.

Du bist wichtig, und deine Haare sehen toll aus, und du hast schöne Augen

und wie du einen großen Becher Eis löffelst, ist supersexy.

Du bist kein Nichts, und du kannst alles erreichen, und es gibt Leute, die an dich glauben.

Mit dir zusammen zu sein, macht Freude, und wer dich jetzt bekommen hat

oder dich bekommen wird, kann sich glücklich schätzen.

Warum sagen Menschen anderen, sie hätten mehr verdient, aber nie sich selbst?

Hör auf, dir einzureden, du seist nichts wert, denn du bist wertvoll.

Lieblingspulli

Manchmal bist du ein Lieblingspulli. Du wirst ständig getragen —
im Haus, im Restaurant, im Kino oder nachts im Bett. Bei Familie,
Freunden und Fremden wirst du vorgeführt, denn alle sollen wis-
sen, dass du der Lieblingspulli bist. Aber irgendwann wirst du
im Schrank nach hinten gepackt, aus Versehen oder mit Absicht.
Andere Pullis landen vor dir, und du siehst zu, wie sie kommen und
gehen, und fragst dich, ob du wohl jemals wieder getragen wirst.
Bald gerätst du vollkommen aus dem Blick, nur noch die anderen
werden gesehen, berührt und ausgeführt. Du bist weit weg. Deine
Augenfarbe, dein Duft und der Klang deiner Stimme am Morgen
werden vergessen. Reglos liegst du da, wirst staubig und musst
zusehen, wie andere Pullis den Körper wärmen, den du liebst. Viel-
leicht wirst du irgendwann noch mal aus dem Schrank geholt, und
dann kehrt die Erinnerung daran zurück, dass du der allerwärm-
ste Pulli warst. Dass du versprochen hattest, nicht zu kratzen und
keine Lügenflecken zu bekommen, und dass du deine Versprechen
gehalten hast. Aber vielleicht warst du auch einfach nur irgendein
Pulli und solltest von Anfang an nur so lange getragen werden, bis
du nicht mehr gebraucht wirst.

Du bist so angeschlagen
dass du keine Ahnung hast
was du tun sollst
wenn jemand
dir geben möchte
was du verdient hast

Es gibt immer zu viele Wörter, um Gefühle zu beschreiben. Warum verschwinden sie dann alle, wenn du sie benutzen willst?

Wenn du verliebt bist, aber zu kümmern beginnst, ist das nicht Liebe. Denn wenn du wirklich liebst, stehst du in voller Blüte.

Es gibt Dinge, die werden nie für alle gut sein. Das ist die traurigste Erkenntnis, die das Universum uns geben kann. Also sei dankbar, wenn etwas gut für dich ist.

Wenn du immer eine ganz bestimmte Person warst und plötzlich unbekannte Teile in dir bemerkst, kann es schwer sein, sich vom vertrauten Ich abzuwenden. Lässt du dich dann von deinem neuen Ich umarmen, dann sagst du damit: Du bist mir nicht vertraut, aber ich freu mich drauf, dich kennenzulernen.

Und dann fällt mir wieder ein, dass das Leben weitergeht, ob ich nun in den Zug steige oder am Bahnsteig stehen bleibe.

Es heißt ja, große Ereignisse bewirken Veränderungen. Eine Hochzeit, ein Geburtstag, ein Studienabschluss. Aber vielleicht verändert man sich viel mehr in den kleinen Momenten, zum Beispiel, wenn du in den Spiegel schaust und feststellst, wie weit du schon gekommen bist oder was alles noch vor dir liegt.

Aber ein Bett ist viel mehr als ein Ort zum Schlafen.
Es ist Jahrmarkt der Träume
Spielplatz des Wachstums
Zuflucht in der Dunkelheit
Wärme im Winter
Unruhige Nächte im Sommer.
Wer dich in dein Bett begleitet
hat Zugang zu deinem Zufluchtsort.
Wähle also besonnen.

Liebes Leben, manchmal bist du echt anstrengend. Kaum zu glauben, wie oft du Wutanfälle kriegst. Manchmal bist du langsam, dann wieder schnell, du stiehlst und du schenkst Zeit. Mal Sonnenschein, mal Regen. Deshalb versuch ich mir nicht zu viel vorzunehmen, etwas zu wagen, viel zu lieben und Trost in Neuem zu finden, um gut mit dir klarzukommen. Aber du bist nie gleich, Leben, du veränderst dich ständig und gibst mir immer wieder Rätsel auf. Ich werde dich also leben, liebes Leben, so gut ich kann.

Niemand bringt dir bei, dass manche Menschen dich angreifen werden, obwohl du sie mit jeder Zelle deines Körpers geliebt hast.

Niemand bringt dir bei, dass du an manchen Tagen glauben wirst, die Sonne geht nie mehr auf, tut sie aber.

Andere Menschen leiden genauso wie du.

Vielleicht hat auch die Frau an der Kasse Liebeskummer oder der Mann im Zug, genau wie du.

Du bist nicht allein.

Sei einfach freundlich.

Bring dir selbst etwas bei.

Wir alle tragen Zartheit in uns, und man muss sie pflegen. Sorge dafür, dass die Welt dein Herz nicht erkalten lässt.

Ich weiß nicht, was ich sagen soll
Zu jemandem, der sich so verloren fühlt.
Also steh ich hier
In Wind und Wetter
Und will dein Leuchtturm sein.
Nimm meine Hand, hol tief Luft,
Ich zeig dir den Weg nach Hause.

Das ist das Problem mit sanftmütigen Menschen. Andere Leute meinen, sie könnten über sie hinwegtrampeln, als würden sie nichts spüren. Aber wir spüren alles, uns entgeht nichts.

Wir sind auf ein Fundament gebaut

Das Liebe sein soll

Aber heute muss ich dir was sagen

Über mich und wie ich sein will

Und vielleicht wirst du wütend

Oder sogar traurig

Aber vergiss nicht, als ich zur Welt kam

Hast du geschworen, mich immer zu lieben

Ich will diesen Kampf nicht mehr führen

Zwischen meinem Kopf und meinem Herzen

Ich muss mich so zeigen, wie ich bin

Mich aus diesem Käfig befreien

Manchmal bin ich Regenschauer

Manchmal bin ich Dürre

Dazwischen gibt es nichts

Und ich flehe dich an: Nimm mich wahr

Ich flehe dich an: Nimm mich ernst

Denn wenn ich mich weiter verstecken muss

Geht das Leben an mir vorbei

Wir werden älter, und plötzlich ist, was wir nicht haben können, einfach eine Tatsache. Weniger wird mehr, und Zeit ist nur ein Fragment unseres kurzen Abenteuers auf der Erde.

Du wirst immer vielerlei sein.
Nicht jeder wird dich mögen oder verstehen.
Versuche trotzdem freundlich zu sein
auch zu denen, die es gar nicht verdient haben
und zu denen, die dich verurteilen.
Sei du, auch wenn es schwer ist.

Wenn du Gründe
zum Hierbleiben brauchst

Diese Worte werden nicht die ganze Welt verändern, aber vielleicht halten sie dich davon ab, deine zu verlassen.

Das alles ist schön: warme Nächte nach Gewittern, alte Bücher, neue Bücher, Tee am Nachmittag, Schneeengel, Palmen, Lächeln, Lachen, glühende Umarmungen, feuchte Nasenstüber von deinem Hund, Wasserfälle, Sonnenuntergänge, klare Sternenhimmel, Hoffnungen und Träume für uns zwei. Ein Kätzchen, das sich auf deinem Schoß einrollt, frische Wäsche, Lieblingssongs, das Zwitschern der Vögel am Morgen. Schöne einfache Dinge und gute Gründe zum Hierbleiben.

Und ich verspreche dir, dein Herz wird durchhalten, so verletzt es dir auch gerade scheint. Es wird dir wieder gutgehen, so gut, wie du es dir noch gar nicht vorstellen kannst.

Da bist du

Mit all deinen kleinen

Ungereimtheiten

Und all deinen kleinen

Schwächen

Du hältst Menschen

Auf Abstand

Weil es einfach

Einfacher ist

Geheimnisse in deinen Adern

Versteckte Jahre in deinen

Augen

Bitte hab keine

Angst

Ich weiß, was du bist

Es ist in deine Haut gezeichnet

Drei kleine Worte

Du bist alles

Durch dein Dasein lockerst du Erde auf, die vorher hart und trocken war. Es ist nicht nötig, dein Leben aufzugeben. Du machst alles gut, indem du einfach nur da bist.

Manchmal fühlst du dich dünnhäutig
und alles zerbricht
und im Spiegel
siehst du einen Feind,
den du aus ganzer Seele hasst,
aber die anderen nehmen dich anders wahr.
Wenn sie dich anschauen
sehen sie ein ganzes Universum;
du bist ein Kunstwerk,
du bist eine Sternenkarte,
du bist alle Blumen,
bezaubernd von Anfang an.
Wenn also Heilung weit entfernt scheint
und niemand dich versteht,
wenn das Leben nicht schlimmer werden kann
und du den ganzen Tag nur weinen willst,
denk daran, dass du gemocht und geliebt wirst.
Ich kann nicht länger leben.
Doch, das kannst du.
Du wirst gebraucht,
also bitte
entscheide dich für das Leben.

Die Welt hat ein Herz, und darin wohnst auch du. Wenn du also einen Grund zum Bleiben brauchst, dann halte mal inne und atme tief durch; brich der Welt jetzt nicht das Herz.

Behutsame Erinnerung

Im Laufe der Zeit habe ich gemerkt, dass es besser ist
überhaupt irgendetwas zu fühlen als gar nichts.
Gespräche sollten aufrichtig sein,
auch wenn dein Magen krampft
und du kaum ein Wort rauskriegst.
Du kannst nachts um drei verliebt sein
oder nachmittags um fünf
in einen anderen Menschen
oder in den Himmel an einem Samstag.
Du wirst schwierige Entscheidungen treffen und leichte,
aber wichtig sind sie alle.
Genieße die kleinen Momente am Strand
mit Bier und schönem Sonnenuntergang.
Es tut mir leid, dass du verletzt wurdest,
aber bitte verschließ dein Herz der Liebe nicht.
Du brauchst die Liebe, und die Liebe braucht dich.
Du bist Sonne, Mond und jeder Stern am Himmel
und hast jemanden verdient, der für dich keinen Weg scheut.
Verzeihe, auch wenn du wütend bist.
Verzeihe, auch wenn jemand ein Versprechen gebrochen hat.
Sag es: Ich verzeihe dir.
Du merkst gar nicht, wie schön du bist, oder?
Könnte ich dir das täglich bis zum Ende deines Lebens sagen,
ich würde es tun.

Auch wenn ich deinen Namen nicht kenne und wir uns nie
begegnen werden:
Du bist schön.
Ihr könnt meilenweit entfernt sein,
aber das spielt keine Rolle
wenn deine beste Freundin dir genau das sagt,
was du gerade dringend brauchst.
Bleib nicht zu lange bitter. Lerne, mach weiter, wachse.
Gib nicht auf, versuch es immer wieder.
Wenn jemand dich nervös macht, dann machst du diese Person
vielleicht auch nervös.
Wieso glaubst du immer, dass du jemandem zur Last fällst?
Lass das einfach bleiben.
Verändere nicht jemand anderem zuliebe deine inneren Werte
und dein wahres Selbst.
Bewertungen im Internet können gefährlich sein;
versuche bescheiden zu bleiben.
Wenn jemand dich oder deine Story nicht mag,
heißt das nicht, dass sie nicht jemand anderem gefällt.
Dieser Jemand kommt irgendwann.
Vielleicht wartet jemand schon darauf, dich endlich zu finden.
Das Leben kann chaotisch sein und manchmal wird dir weh getan,
aber trotz tobender Gedanken und schlafloser Nächte
vergiss nicht, dass Blumen kleine Wunder sind
dass auf Regen strahlende Sonne folgt
und dass du Traurigkeit vergessen kannst
indem du jemanden zum Lächeln bringst.

Mach eine Liste.

Schreib alles auf, was dir wichtig ist.

Ganz oben sollte stehen:

Ich.

Manche Tage sind mühsamer als andere. Sei nicht so streng mit dir selbst; du hast schon viele Schlachten gewonnen, für den ganzen Krieg brauchst du Zeit. Ob mit siebzehn oder mit siebenundachtzig — Fehler macht man immer. Versuch, dich nicht so hart dafür zu bestrafen. Bestimmt vergleichst du dich mit anderen, das tun wir alle; aber vergiss nicht, dass andere sich auch mit dir vergleichen. Sei toleranter mit den Gedanken in deinem Kopf, sie sind nicht ohne Grund da. Es wird immer eine Person geben, die nicht zufrieden ist, obwohl du ihr dein ganzes Herz geschenkt hast. Doch du kannst jederzeit zufrieden mit dir selbst sein. Wer lebt denn dein Leben, wenn nicht du selbst?

Du bist der Mensch, den du beeindrucken sollst.

Sei dir Freund, nicht Feind.

Vertrau darauf, dass dein Körper eine Festung ist, und wie viele Schlachten auch vor ihren Toren geschlagen werden, deine Festung wird standhalten.

Es macht mich wirklich traurig, dass jemand dir eingeredet hat, du seist nervig oder dumm oder nicht schön, wenn du über Dinge sprichst, die du liebst, oder du seist langweilig bei Tag und bei Nacht. Es ist wichtig, dass du auf der Welt bist. Du bist wichtig.

Der Maurer

Einen Maurer sah ich eines sonnigen Nachmittags
Ich war aus tiefem Schlaf unter dem Mond erwacht
Warum er diese Mauer baute, fragte ich den Mann,
Er sprach nicht, ich zweifelte, ob er hören kann
Er baute, bis die Sonne bald unterging
Eine Mauer so hoch hatte ich nie gesehn
»Hallo«, rief ich, doch der Mann blieb verschwunden
»Hallo«, rief ich, doch die Mauer war nicht zu überwinden
Dann kam ein schwacher Ruf, kaum hörbar
»Das ist doch jetzt das, was erwünscht war!«
Und ich sah, dass nichts mehr mir bliebe
die Mauer war zu hoch, unbezwingbar
sogar für die Liebe

Geh so gut mit dir selbst um wie mit jemandem, den du liebst.

Du warst nicht immer so, oder? Früher warst du lebhaft und fröhlich, aber nach zu vielen Lügen, einer Handvoll Verrat und einem Eimer voller Gemeinheit fragst du dich, wieso jemand so grausam deinen Garten verwüstet hat. Aber heute streu Erde auf all die Lügen, säe Gänseblümchen aus und schau zu, wie sie sprießen und wachsen. Verstreu auch eine Handvoll Verzeihen, und wässere mit einem Eimer Glück. Und dann lass den Garten gedeihen, heil dich selbst, und kehre zu dem Leben zurück, in dem es dir besser ging.

Sogar an schlechten Tagen und in schlimmen Nächten, in denen alles verloren zu sein scheint. Es gibt einen guten Grund. Dein Leben hat Sinn, er wurde dir mitgegeben am Tag deiner Geburt. Ein winziges Glühwürmchen, geboren aus dem Licht des Universums. In dir ist eine ganze Welt voller Verstand, eine Bibliothek voller Gedanken und Gefühle. Immer wenn dir Hoffnung gestohlen wird, denk daran: Das Universum hat dich mit Absicht hervorgebracht. Du bist aus gutem Grund hier.

Vielleicht ist morgen noch nichts besser. Kann sein, dass es eine Menge Tage gibt, die nichts Neues bringen. Aber darum geht's nicht. Es geht darum, diese Tage durchzustehen, bis der eine kommt, an dem wirklich etwas besser wird.

Wirf die Schere weg

Wirf die Schere weg, deine Haut ist viel zu fest
Wirf die Schere weg, auch wenn du nur am Weinen bist
Wirf die Schere weg, lass Licht in dein Herz hinein
Wirf die Schere weg, lass Hoffnung in dir gedeihn
Wirf die Schere weg, du wirst rundum geliebt
Wirf die Schere weg, bleib hier bei uns
und kämpfe, damit es ein Morgen gibt

Man wird dir sicher sagen, der Weg zur Heilung sei mühelos. Dir verschweigen, dass auch bandagierte Wunden schmerzen. Aber deine Traurigkeit wird niemals hübsch und ordentlich sein, und an manchen Tagen weißt du nicht, wie du all die Scherben wieder aufsammeln sollst und ob du deine Seele nicht lieber begraben willst. In manchen Momenten musst du dir einreden, dass Schmerz immer noch besser ist, als gar nichts zu fühlen, und dass deine Knochen stark genug sind, dich zu tragen, auch wenn sie weh tun. An manchen Tagen steht alles kopf, und du drehst dich im Kreis ohne Halt. An manchen Tagen machst du Rückschritte, und deine kleinen Fortschritte scheinen weit entfernt. Aber auch wenn es schwer ist — du gehst einzelne Schritte, und du kommst vorwärts. Und bei jeder Hürde auf dem Weg denk daran, dass du schon bis hier gekommen bist, jetzt kannst du auch weitergehen.

Für irgendjemanden bist du immer jemand. Du wirst immer jemanden brauchen. Und Kaffee, du wirst immer guten Kaffee brauchen.

Klar, in manchen Momenten kommt es dir vor, als hättest du keine Wahl mehr. Aber eine Wahl hast du immer: dir selbst zu verzeihen.

Chaos wird es immer geben. Menschen sind von Natur aus chaotisch. Doch selbst mitten im Orkan existiert eine Ruhe, die nach außen strahlt. Das ist nach jeder Katastrophe so, und dann fängt man an, wieder Ordnung zu schaffen.

Überleben
ist ziemlich mühsam
Es beginnt mit der Entscheidung zu fühlen
das Gute
und vor allem das Schlimme

Irgendwann wirst du dich selbst überraschen. Du wirst merken, wie stark du bist und wie du innerlich wachsen kannst. Eben noch am Boden zerstört, ziehst du plötzlich deine Schuhe an und gehst zur Tür hinaus. Denk an all die Menschen, die dich angelächelt und dir einen schönen Tag gewünscht haben. Das sind die kleinen Geschenke, die dich daran erinnern sollen, lieber hierzubleiben.

Und die sind für dich

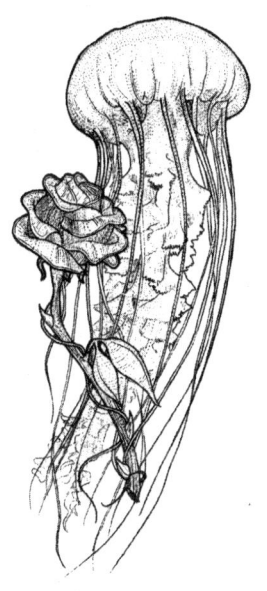

Erzähl von ihr, baten sie mich. Also hab ich überlegt, wie ich dich beschreiben könnte. Deine Haarfarbe und die Sommersprossen auf deinem Rücken. Dass du Notizbücher sammelst und wie deine Stimme am Morgen klingt. Von deinen Lippen über deine Rundungen und Schenkel bis zu deinem großzügigen Herzen und dem Feuer in deinen Augen. Aber letztlich kann ich dich gar nicht so beschreiben, wie du es verdient hättest. Denn wenn du mich ansiehst, liebe ich dich mehr, als ich je in Worte fassen könnte.

In meinem Leben ist vieles flüchtig,
aber mit dir
sind all meine Mauern eingebrochen
und ich weiß, dass du es wert bist;
du bist ein ganz besonderer Mensch.
Immer, wenn du meinen Namen raunst,
meine Hand hältst oder meine Lippen küsst,
verlieb ich mich heftiger in dich.
Und wenn du mich mit diesen Augen anschaust
weiß ich, dass es dir genauso geht.
Also sei ganz du selbst, du schönes Mädchen
mit all deinen Nähten und Narben.
Ich habe alles in dir gefunden,
bin wie verrückt verliebt in dich.

Ich weiß nicht mehr, wie mein Leben war, als ich dich noch nicht kannte. Vielleicht ist das so, weil wir uns früher schon begegnet sind. In einem anderen Leben, zu einer anderen Zeit, und weil du die Seele bist, die ich immer wiederfinde. Vielleicht liegt es auch daran, dass mein Leben vor dir nicht mal halb so spannend war. Ich weiß nur, dass wir unseren ersten Nachmittag an einem wunderschönen Ort verbrachten, aber ich nur Augen für dich hatte.

Ihr Haar lässt mich an Sonne denken. Wenn ich sie küsse, bebt die Erde, und ich bebe mit ihr. Ihre Augen sind grün, manchmal hell und manchmal dunkler, das kommt auf die Tageszeit an. Sie lächelt, als könne sie meine Gedanken lesen. Ihre Haut ist weich, aber auf den Handrücken rau. Mitten in der Nacht verflechten sich ihre Finger mit meinen. Sie riecht wie Zwielicht nach Gewitter, und ich verstehe nicht, wie sie frühmorgens schon so schön aussehen kann, aber sie tut es. Die Sommersprossen auf ihrem Körper sehen wie Sterne am Himmel aus, und selbst wenn ich ihr schon in tausend Leben begegnet wäre, würde ich mich jedes Mal aufs Neue in sie verlieben.

Hör ihr einfach zu. Lausche ihrem Herzen, ihrem Geist, ihrem Körper und ihrer Seele. Und wenn du das Glück hast, eine schöne Seele gefunden zu haben, vergiss nicht, es ihr zu sagen.

Ich wünschte, ich könnte dir mehr geben

Denn das hast du verdient

Du musst wissen

Während ich um die Welt segle

Bist du mein Zuhause

Ich weiß nicht, was ich tun würde

Wenn du mich jemals verlässt

Denn du bist alles, was ich brauche

Das ist mein Leben
und ich verliebe mich täglich neu in dich
denn du bist meine Liebe
und ich sehe dich in allem.

Es mag Zeiten geben, in denen alles schwerfällt
in denen du dich ausgebrannt fühlst
und wie betäubt durch deine Tage gehst.
Es mag Momente geben, in denen alles zu viel scheint,
so als seist du immer das Schlusslicht,
und alles entgleite dir.
Aber du bist mein Leben, und ich werd dich Tag für Tag
daran erinnern, dass du talentiert,
klug und stark bist,
und du wirst deinen Weg machen.
Das Herz kann schmerzen, der Kopf kann weh tun
die Welt kann viel zu groß erscheinen
und alles in Gefahr.
Aber du wirst deine Träume erreichen
so schwierig es auch scheinen mag,
und ich werde immer an dich glauben,
an alles, was du dir vornimmst.

Unsere Haut ist nur einmal jung. All die Momente, die wir nackt im Bett verbringen, erhitzt und voller Leidenschaft, werden zu Erinnerungen. Aber auch in vierzig Jahren wird mein Herz noch rasen, wenn deine Hand meine berührt, und mein Verlangen gilt immer nur dir.

Gleich beginnt es zu dämmern. Die Sonne wird aufgehen, das Gras wird sich räkeln im glitzernden Tau. Und ich bin kaum wach und doch schon ganz aufgeregt, denn ich kann dich ansehen im frühen Morgenlicht.

Ich wünschte, mir fiele etwas besonders Tolles ein, um dir zu sagen, wie sehr ich dich liebe. Es in den Himmel schreiben oder all meine Gefühle vergolden. Aber eigentlich ist es viel einfacher als all das. Ich weiß jedenfalls, dass mir jeden Morgen beim Aufwachen die Worte fehlen, um zu erklären, wie viel ich für dich empfinde.

Wie deine Haare an diesem Abend aussahen oder vielleicht auch dein Kleid, das die Linien deines Körpers perfekt betonte. Während ich versuchte, dich nicht anzustarren, hast du Kaffee bestellt, und deine Lippen und deine Stimme haben mich vollkommen umgehauen.

Nach so langer Zeit bin ich immer noch bis über beide Ohren in dich verliebt.

Mag sein, dass ich ein bisschen altmodisch bin, aber wenn ich an uns beide denke, dann denke ich an ein behagliches Häuschen und daran, dass ich immer für dich sorgen und alle Wirren des Lebens mit dir gemeinsam durchstehen will.

Manchmal, wenn ich nach Hause komme, erwartet sie mich an der Tür und küsst mich im schwindenden Licht des Tages. Sie sagt dann, sie hätte vergessen, den Schlüssel für mich draußen zu lassen, aber ich sehe ihrem Blick an, dass Liebe der wahre Grund ist. Bevor wir uns kennenlernten, waren all meine Sterne erloschen, doch als sie mich fand, gab es keinen Zweifel mehr. Da war sie mit ihrem Lächeln am frühen Morgen, und ich war wieder verliebt. Wir träumen von einem Haus, in dem wir gemeinsam alt werden. Eines Tages, wenn unsere Haut faltig und unser Haar grau ist, wird sie für mich noch immer der Sonnenstrahl an einem Regentag sein. Ich werde mich niemals für meine Gefühle entschuldigen, denn sie ist alles, was ich brauche. Und immer, wenn ich sie ansehe, weiß ich, dass wir alles schaffen können. Sie ist aufrichtig und unverfälscht und schön, und mein Herz mit all unseren gemeinsamen Erinnerungen gehört ihr. Selbst wenn sie nicht verstehen kann, wieso sie mir so viel bedeutet, will ich alle meine Tage damit verbringen, mich noch mehr in sie zu verlieben.

Ich gehe unter in den Fluten, seit du weg bist. Ich ertrinke, weil ich dich so sehr vermisse. Wie kannst du einen solchen Orkan der Einsamkeit in mir entfesseln? Nachmittags wandere ich durch Blumenfelder und sehe verliebte junge Paare. Ich erkläre dem Mohn meine Liebe für dich, und nachts sehne ich mich nach dir und schreibe diese traurigen kleinen Gedichte.

Wir vergessen Dinge.

Brieftaschen, Schlüssel, Wochentage.

Manchmal vergessen wir wichtige Dinge.

Geburtstage, Jahrestage, Termine.

Aber meine Liebe für dich werde ich nie vergessen.

Sie hat sich so tief in meiner Seele verankert, dass ich jede Nacht von dir träume. Sie hat sich so fest um mein Herz geschlungen, dass es zum Klang deines Namens schlägt. Sie hat sich so fest an meine Lunge geheftet, dass ich dich ein- und ausatme.

Ich vergesse Dinge, aber niemals dich.

Ich kann kaum glauben, was dein Name mit mir macht. Ich liebe es, wie er aussieht auf meiner Geburtstagskarte für dich. Ich liebe es, wie er aussieht in einem Brief, den ich im Auto geschrieben habe. Ich liebe es, wie er aussieht, wenn er auf meinem Handy aufleuchtet. Ich liebe es, wie er klingt, wenn Freunde fragen, ob du auch kommst. Vielleicht werde ich noch anderen begegnen, die diesen Namen tragen, aber nie wird ein solches Echo in meinem Herzen entstehen, wie wenn von dir die Rede ist.

Wenn sie schläft, will ich sie manchmal wecken. Egoistisch, weiß ich, aber ich sehne mich so nach dem Klang ihrer Stimme.

Wenn sie spricht, unterbreche ich sie manchmal, um sie zu küssen. Egoistisch, weiß ich, aber ich sehne mich so nach dem Geschmack ihrer Lippen.

Wenn sie nicht darauf achtet, klau ich manchmal ihre Shirts. Egoistisch, weiß ich, aber ich sehne mich so nach dem Duft ihres Körpers.

Wenn sie mich ansieht, halte ich manchmal ihr Gesicht fest, damit sie nicht wegschauen kann. Egoistisch, weiß ich, aber ich sehne mich so nach ihrem Blick.

Wenn sie im Auto neben mir sitzt, fahre ich manchmal Umwege. Egoistisch, weiß ich, aber ich sehne mich so nach ihrer Nähe.

Und manchmal lassen sich meine Gedanken und mein Verlangen nach ihr nicht zähmen. Denn ich sehne mich immer nach ihr. Ich sehne mich so nach allem an ihr.

Das ist das Allerschönste: wenn am Nachmittag die Sonne untergeht und ich bei dir liegen und von meinem Tag erzählen kann. Es ist ganz egal, wie du angezogen bist oder wie du aussiehst. Es ist ganz egal, wie viel Geld wir haben oder zu welchen Partys wir eingeladen sind. Wichtig ist mir nur, dass du zuhörst, manchmal stundenlang.

Mein Herz war nie wirklich vernünftig.
Bin durch Städte geirrt
und übel abgestürzt.
Hab mich zur Weißglut treiben lassen
und bin aus der Haut gefahren.
Aber glaub mir bitte, wenn ich sage
du bist die beste Entscheidung
meines ganzen Lebens.

Ich hab immer noch bei Kleinigkeiten Schmetterlinge im Bauch. Wie du mir sagst, dass du mich liebst, ohne Worte. Wenn du anrufst, um mir zu sagen, dass du Wein zum Essen mitbringst. Wie du mir sachte die Decke über die Schultern ziehst, bevor du frühmorgens zur Arbeit gehst. Wenn ich beim Duschen sehe, dass du deine Mini-Shampoos in meinem Regal aufgestellt hast. Überall in meinem Haus finde ich etwas von dir, Kleider in den Schubladen, Kaffeebecher auf dem Schreibtisch, Schmuck im Badezimmer. Ich habe immer geglaubt, Liebe sei groß und dramatisch und dass ich dafür leiden müsste. Aber hier bist du, und unsere Liebe ist ganz einfach und klar, und diese Liebe wünsche ich mir für den Rest unseres Lebens.

Als wir Eis kaufen wollten

Wir waren im Supermarkt und du wolltest Eis kaufen, obwohl es draußen kalt war. Du konntest dich nicht für eine Sorte entscheiden, und ich zog dich auf, weil du manchmal einfach nicht weißt, was du willst. Ich schlug vor, einfach alle Sorten zu kaufen, und du hast gelacht. Dieses Lachen von dir könnte ich für den Rest meines Lebens hören. Du hast gesagt, ich sei verrückt, und hast mich geküsst, so dicht an mich gepresst, dass ich deine kalte Nasenspitze spürte. Du warst zu dünn angezogen, und deine Haare waren zerzaust, weil wir den Nachmittag im Bett verbracht hatten. Und in diesem Moment wurde mir klar, dass ich dich mehr liebe als jeden Menschen zuvor. In diesem Moment wurde mir klar, dass du die große Liebe meines Lebens bist. Und dabei wollten wir doch nur Eis kaufen.

Danksagung

Tausend Dank an:

James De'Bono

Emma Batting

Patty Rice

Ryan Gerber

Kirsty Melville

Andrews McMeel Publishing

meine Familie

meine Partnerin, Rhian

Ohne euch alle wäre dieses Buch nicht entstanden!

Twitter: @CourtPeppernell

Instagram: @itsonlyyforever

E-Mail: courtney@pepperbooks.org

Courtney Peppernell schreibt, seit sie denken kann. Mit ihrem Gedichtband *Dein Herz ist mein Meer*, der 2017 im Original unter dem Titel *Pillow Thoughts* erschien, landete sie einen Überraschungserfolg und wurde über Nacht zur Bestsellerautorin. Courtney lebt in Sydney, Australien, und wenn sie nicht gerade schreibt, hört sie Musik, tollt mit ihren Hunden Hero und Dakota herum, kuschelt mit ihrer Katze Bailey und trinkt dabei Unmengen Kaffee.

Die amerikanische Originalausgabe erschien 2017 unter dem Titel
»Pillow Thoughts« bei Andrew McMeel Publishing, Kansas City.

 Dieses Buch ist auch als E-Book erhältlich.

MIX
Papier aus verantwor-
tungsvollen Quellen
FSC
www.fsc.org   FSC® C014889

Penguin Random House Verlagsgruppe FSC® N001967

Wunderraum-Bücher erscheinen im
Wilhelm Goldmann Verlag, München,
einem Unternehmen der
Penguin Random House Verlagsgruppe GmbH.

1. Auflage
Deutsche Erstveröffentlichung April 2021
Copyright © 2017 by Courtney Peppernell
Copyright © dieser Ausgabe 2021
by Wilhelm Goldmann Verlag, München,
in der Penguin Random House Verlagsgruppe GmbH,
Neumarkter Str. 28, 81673 München
Redaktion: Johanna Schwering
Umschlaggestaltung: buxdesign Gbr, München
Umschlag- und Innenillustrationen: © Ryan Gerber
Satz: Buch-Werkstatt GmbH, Bad Aibling
Druck und Bindung: Friedrich Pustet, Regensburg
Printed in Germany
ISBN 978-3-442-31575-8

www.wunderraum-verlag.de

Auf Wiedersehen im
WUNDERRAUM

www.wunderraum-verlag.de